# NOTICE

## SUR LES CHARBONNAGES

### DE LA

# SOCIÉTÉ DU LEVANT DU FLÉNU

PAR

## F.-L. CORNET,

Ingénieur-Directeur des travaux de cette Société,
Membre correspondant de la classe des sciences de l'Académie royale de Belgique.

RÉDIGÉE A L'OCCASION DE LA VISITE
FAITE AUX ÉTABLISSEMENTS DU LEVANT DU FLÉNU, LE 6 AOUT 1877,
PAR L'ASSOCIATION DES INGÉNIEURS SORTIS DE L'ÉCOLE DE LIÉGE.

MONS,

HECTOR MANCEAUX, IMPRIMEUR-ÉDITEUR,
Grand'Rue, 7 et 9 ; Rue des Fripiers, 4.

1877.

# SOCIÉTÉ DU LEVANT DU FLÉNU.

# NOTICE

## SUR LES CHARBONNAGES

### DE LA

# SOCIÉTÉ DU LEVANT DU FLÉNU

PAR

**F.-L. CORNET,**

Ingénieur-Directeur des travaux de cette Société,
Membre correspondant de la classe des sciences de l'Académie royale de Belgique.

—

RÉDIGÉE A L'OCCASION DE LA VISITE
FAITE AUX ÉTABLISSEMENTS DU LEVANT DU FLÉNU, LE 6 AOUT 1877,
PAR L'ASSOCIATION DES INGÉNIEURS SORTIS DE L'ÉCOLE DE LIÉGE:

MONS,

HECTOR MANCEAUX, IMPRIMEUR-ÉDITEUR,
Grand'Rue, 7 et 9 ; Rue des Fripiers, 4.

—

1877.

# NOTICE SUR LES CHARBONNAGES

DE LA

# SOCIÉTÉ DU LEVANT DU FLÉNU.

La Société anonyme des Charbonnages du Levant du Flénu, dont le siége est à Cuesmes, a été constituée par acte passé le 14 octobre 1835, devant M<sup>e</sup> Coppyn, notaire à Bruxelles. MM. Charpentier et O'Delant lui firent apport des charbonnages de Cache-Après, Ostenne et Crachet. Ces deux derniers furent, en 1856, cédés à la Société du Couchant du Flénu qui d'une partie, qu'elle réunit au charbonnage de Picquery, forma le charbonnage actuel de Crachet-Picquery, tandis qu'elle céda l'autre à la Société des Produits dont la concession primitive ne s'étendait, en profondeur, que jusqu'à la couche *Dure veine* inclusivement.

En 1843, à la suite de la faillite des concessionnaires, la Société du Levant du Flénu fit l'acquisition de la concession de Belle-Victoire.

En 1848 et 1868, diverses extensions furent ajoutées à la concession primitive de Cache-Après qui prit dès lors le nom de Levant du Flénu. Enfin, en juin 1868, la Société fit l'acquisition du Haut-Flénu, de sorte qu'aujourd'hui elle possède les concessions du Levant du Flénu proprement dit, de Belle-Victoire et du Haut-Flénu.

# CONCESSION DU LEVANT DU FLÉNU.

La concession primitive de Cache-Après, dont la maintenue date du 17 avril 1829, mesurait 1195 hectares et comprenait toutes les couches de houille gisant sous le territoire d'Hyon et vingt-sept de celles existant sous Cuesmes. Les arrêtés royaux du 24 mai 1848 et du 3 avril 1868 y ajoutèrent plusieurs extensions en profondeur et en superficie. Aujourd'hui la concession du Levant du Flénu, d'une surface de 1424 hectares, comprend toutes les couches de houille gisant de fond en comble sous les territoires de Cuesmes et d'Hyon, et sous une partie de ceux de Mons, Ciply et Mesvin. Toutefois ce n'est que depuis 1868 que la Société du Levant du Flénu possède un faisceau de couches supérieures qui appartenait, sous Cuesmes, à la concession du Haut-Flénu.

La concession du Levant du Flénu est bornée :

Au Nord, par la partie non concédée du territoire de Mons et par les concessions des Produits et de Nimy ;

A l'Est, par les concessions de Belle-Victoire et de Ciply ;

Au Sud, par les concessions superposées de Crachet-Picquery et de l'Agrappe,

Et à l'Ouest, par les concessions superposées du Centre du Flénu, de Turlupu, du Haut-Flénu, de Belle-et-Bonne et des Produits.

Si on le considère, sous le rapport orographique, le terrain sous lequel se trouve la concession du Levant du Flénu, peut être divisé en deux régions bien distinctes. La partie septentrionale est une plaine presqu'horizontale, formée par les alluvions modernes de la Trouille, et dont l'altitude est comprise entre 29ᵐ et 35ᵐ. Cette plaine est recouverte presqu'entièrement par des prairies et par les quartiers les plus bas des villages d'Hyon et de Cuesmes. Au Sud de la ligne de niveau cotée 35ᵐ sur la carte du Dépôt de la Guerre, le sol s'élève d'abord assez rapidement, puis en pente plus douce, pour atteindre l'altitude de 83ᵐ près du chemin dit de Binche. Cette partie méridionale de la concession du Levant du Flénu, est occupée entièrement par des champs cultivés et par les propriétés bâties du faubourg de Bertaimont et des parties les plus hautes des villages de Cuesmes et d'Hyon.

Quelques accidents orographiques, qui n'ont d'ailleurs que peu d'importance relativement, affectent l'allure de la surface du territoire concédé au Levant du Flénu. La colline isolée de l'Eribus s'élève jusqu'à l'altitude de 68ᵐ,50, immédiatement au Sud de la partie basse de la concession, entre les villages de Cuesmes, d'Hyon et de Mesvin. Vers la limite occidentale un profond sillon, dirigé du Sud-Ouest au Nord-Est, a été utilisé pour le tracé de la route pavée de Mons à Eugies et en partie pour le chemin de fer de Mons à Hautmont. Enfin la concession est limitée, sur une certaine longueur à l'Est, par le ruisseau le By qui coule, près de Ciply, dans un profond ravin creusé dans la craie et dans le terrain tertiaire.

---

Le terrain houiller ne se montre à découvert sur aucun point de la concession du Levant du Flénu, et même sa surface est partout en-dessous du niveau de la mer, excepté sous une partie relativement peu importante, le long de la limite occidentale, où l'on rencontre les strates houillères à la cote $+ 20^m$, c'està-dire à 48ᵐ sous le sol, qui se trouve à $+68^m$. Cette partie forme le prolongement, vers l'Est, du bombement que présente le terrain houiller sous la colline du Flénu. Cette intumescence de la surface houillère a joué un rôle important dans l'exploitation au Couchant de Mons, car elle a rendu facile et peu dispendieux, le creusement des puits sur la partie la plus riche du bassin. Aussi le nombre des puits de mines qui ont été creusés sur le plateau du Flénu, ou sur les versants de la colline, est-il hors de toute proportion avec la surface du terrain en dessous duquel les exploitations se sont étendues. Quatorze siéges d'extraction sont encore en activité dans cette région, en dehors de la concession du Levant du Flénu. La génération actuelle en a connu un nombre presque triple, lorsque les concessions des couches supérieures n'étaient pas épuisées et lorsque la production d'un puits d'extraction n'atteignait que des chiffres relativement peu importants ; mais il en a existé bien d'autres dont l'existence n'est indiquée que par d'anciens plans, par des territs, ou révélée par des effondrements qui se produisent assez souvent dans les champs.

C'est aussi l'existence du bombement du Flénu sous une partie du territoire de Cuesmes, qui a fait donner aux établissements du Levant du Flénu, la position excentrique qu'ils occupent relativement à l'ensemble de la concession. Ils sont, en effet, placés à peu de distance les uns des autres et si rapprochés de la limite de la concession, que leur champ d'exploitation peut être considéré comme nul vers le Couchant.

Les reconnaissances opérées principalement à l'aide de sondages pratiqués à l'intérieur des travaux, ont démontré que la surface de terrain houiller qui se trouve au-dessus du niveau de la mer, dans la concession du Levant du Flénu, ne mesure que 70 hectares. Elle est limitée par la courbe à l'altitude zéro, que nous avons tracée sur la planche I, fig. 2, jointe à cette notice. A partir de cette ligne, la surface houillère s'incline fortement au Nord et à l'Est, jusqu'à une distance qui nous est encore inconnue. Le point le plus profond où elle a été atteinte, par un sondage, se trouve à 700$^m$ au Sud-Est du clocher de Cuesmes. La surface de contact du terrain houiller et du mort-terrain a été rencontrée à 245$^m$ sous le sol et à 195$^m$ sous la mer, ce qui correspond à une pente moyenne, vers l'Est, de 0$^m$,13 par mètre à partir de la courbe zéro.

En combinant les renseignements obtenus par nos sondages avec ceux que fournissent les travaux des charbonnages de Crachet-Picquery et de Ciply, on voit que la concession du Levant du Flénu est traversée, du Sud-Ouest au Nord-Est, par une profonde dépression creusée dans la formation houillère et remplie par les morts-terrains. Suivant toutes prévisions, cette dépression, qui n'est qu'une dépendance de la grande vallée crétacée du Hainaut, est sensiblement disposée comme l'indique notre figure 2. Son thalweg, qui est incliné au Nord-Est, affleure au Sud de notre concession, vers Genly, à l'altitude de $+$ 75$^m$,00 environ ; mais au point où il traverse la limite méridionale du territoire de Cuesmes, il se trouve déjà à 50$^m$ sous la mer, c'est-à-dire à 120$^m$ sous la surface du sol. Nous n'estimons pas à moins de 300$^m$ (330$^m$ sous le sol) l'altitude négative de ce thalweg dans la partie de la concession du Levant du Flénu qui se trouve sous les prairies, entre Mons et Hyon.

## MORTS TERRAINS.

Parmi les concessions mises en exploitation dans le bassin du Couchant de Mons, c'est dans celle du Levant du Flénu que les morts terrains ont eu dans le passé, comme ils ont encore actuellement et comme ils auront encore dans l'avenir, le plus d'influence sur l'aménagement des travaux intérieurs. C'est pourquoi nous croyons utile de donner ici une description complète de ces dépôts.

Les morts terrains qui recouvrent la concession du Levant du Flénu, appartiennent aux formations moderne, quaternaire, tertiaire et secondaire.

Les dépôts modernes occupent la surface du sol dans la partie basse du nord de la concession et dans la petite vallée du By. Ils sont constitués par du limon d'inondation reposant sur des couches argileuses et tourbeuses en-dessous desquelles on trouve du sable fluviatile gris, commençant, sur quelques points, par un gravier. Ce sable est souvent mouvant, mais son épaisseur n'est pas ordinairement assez considérable pour présenter quelqu'obstacle au creusement d'un puits de mines. Il en est, de même, sous ce rapport, du terrain quaternaire qui se rencontre sur la partie de la concession située au Sud de la limite du terrain moderne, où il est constitué par des couches peu épaisses de gravier et de limon dont la partie supérieure est employée pour la fabrication des briques.

Mais les terrains tertiaire et secondaire ont, au point de vue de l'art des mines, une importance très grande sur la concession du Levant du Flénu, tant par la nature de certains dépôts qui entrent dans leur constitution, que par la grande puissance qu'ils présentent sur certains points. Nous allons décrire successivement les assises qui les composent, en commençant par le haut .

A. Système paniselien. — Ce système est constitué par des couches de grès et de sables qui couronnent les deux collines du Mont-Panisel au Sud-Est de Mons. Mais ces couches ne se trouvant que sur une très faible surface de la concession du Levant du Flénu, et ne passant d'ailleurs pas sous le niveau de la nappe aquifère, n'ont guère d'importance au point de vue particulier qui nous occupe.

B. Système ypresien. — Assise supérieure. — Cette assise, qui est formée principalement par du sable meuble dont la puissance dépasse 35$^m$, sur quelques points, constitue la partie supérieure de l'Eribus et la partie moyenne de la colline paniselienne méridionale. Dans ces deux localités le sable ypresien gît au-dessus de la nappe aquifère, mais il s'incline vers le nord et passe en-dessous du niveau de cette nappe, entre l'Eribus, le Pont-Canal et les boulevards de Mons. Dans cette région, les sables ypresiens réunis au sable fluviatile moderne, forment une couche aquifère et mouvante de 15 à 20$^m$ d'épaisseur, que l'on rencontre à quelques mètres de la surface du sol.

C. Système ypresien. — Assise inférieure. — C'est une argile bleuâtre quand elle n'est pas altérée, que l'on exploite pour la fabrication des briques, des tuiles et des tuyaux de drainage. Elle se montre à la base des collines du Mont-Panisel et de l'Eribus, mais elle s'incline vers le Nord comme le sable qu'elle supporte. On en a traversé une épaisseur de 24$^m$ dans le puits artésien de M. Cousin, au Pont-Canal, et 21$^m$75 chez MM. Paulet, rue de Bertaimont, à Mons.

L'argile ypresienne est imperméable et n'opposerait aucun obstacle au creusement d'un puits.

D. *Système landenien.* — Ce système est représenté principalement par du sable meuble, verdâtre, dont l'épaisseur reconnue est de 20ᵐ au puits de la fabrique de sucre d'Hyon-Ciply, de 27ᵐ au puits artésien de M. Manceaux, à Cuesmes, de 37ᵐ au Pont-Canal et de 27ᵐ chez MM. Paulet, à Mons. Ces sables sont éminemment mouvants partout où ils sont aquifères, ce qui est le cas sur une grande partie de la concession du Levant du Flénu.

En-dessous de ce sable meuble, il existe une couche plus ou moins épaisse de sable argileux, avec graviers, qui semble imperméable aux eaux, car c'est après l'avoir traversée que la plupart des puits artésiens existant dans la partie basse de la vallée, ont rencontré l'eau jaillissante.

E. CALCAIRE D'EAU DOUCE. — Cette assise, encore peu connue, est constituée par des marnes et des calcaires argileux, d'origine lacustre, dont l'épaisseur constatée ne dépasse guère 20ᵐ00. Ces couches, qui n'existent probablement que sous une faible surface de la partie tout à fait septentrionale de notre concession, n'opposeraient vraisemblablement que peu de difficultés au fonçage des puits.

F. CALCAIRE GROSSIER DE MONS. — Cette assise géologique qui est formée de bancs de calcaire jaunâtre, à texture grenue, existe sous la plus grande partie du territoire de Mons où sa puissance maximum connue dépasse 70 mètres. Elle s'avance au Sud et au Sud-Ouest, sous le territoire de Cuesmes; mais, de ce côté, son épaisseur semble diminuer considérablement.

Le Calcaire de Mons est une roche résistante, non ébouleuse, qui gît en bancs réguliers; mais dans les divers puits domestiques où l'on a eu l'occasion de l'étudier, il s'est montré très fissuré. Sa traversée par la méthode à niveau vide, pourrait donc rencontrer de sérieuses difficultés par suite de l'affluence des eaux.

G. TUFEAU OU PIERRE BLANCHE DE CIPLY. — C'est une roche calcaire, à texture grenue, blanchâtre, qui constitue l'assise supérieure du terrain crétacé. Elle gît en bancs bien stratifiés, résistants, quoique faciles à creuser et généralement peu fissurés. On y rencontre quelques rognons isolés de silex gris.

La pierre blanche de Ciply affleure sur la partie méridionale des territoires de Cuesmes, Hyon et Mesvin, d'où elle s'incline vers le Nord, pour disparaître sous le sable landenien. Son existence, en-dessous de ce sable ou en-dessous du Calcaire de Mons, n'est pas douteuse dans la partie septentrionale de la concession du Levant du Flénu; mais les renseignements nous font défaut pour évaluer la puissance qu'elle y présente. Suivant toutes probabilités, son épaisseur n'est pas inférieure à 30 ou 40 mètres.

La pierre blanche de Ciply n'a pas encore été traversée par des puits de mines. Nous ne possédons aucun renseignement sur l'importance des difficultés qu'elle opposerait à un creusement en-dessous du niveau de la nappe aquifère. Tout ce que nous pouvons en dire, c'est qu'elle n'est pas ébouleuse et que les parois des puits domestiques, qui y sont creusés, se maintiennent sans revêtement, durant un temps indéfini.

A la base du Tufeau de Ciply il existe, sur quelques points, un poudingue de puissance très irrégulière dont les nodules renferment une quantité notable de phosphate de chaux. Des excavations à ciel ouvert et souterraines ont été pratiquées, il y a quelques années, pour l'exploitation de ces nodules.

H. Craie brune de Ciply et Craie de Spiennes. — En-dessous du tufeau on trouve une assise qui acquerra dans l'avenir une grande importance industrielle. C'est la *Craie brune de Ciply*. Elle est constituée par des bancs régulièrement stratifiés de calcaire gris, à texture grenue, assez friable, formé d'un mélange de grains blancs de carbonate de chaux et de grains bruns, dans la composition desquels il entre une proportion assez considérable de phosphate de chaux. La roche, ainsi constituée, se rencontre sur une hauteur de 8 à 10 mètres. Plus bas elle se mélange à des rognons de silex, les grains gris diminuent peu à peu et l'on arrive insensiblement à une roche blanche, grenue, stratifiée en bancs réguliers qui alternent avec des lits de rognons et des bancs massifs de silex. Cette partie inférieure de l'assise est plus particulièrement connue sous le nom de *Craie de Spiennes*.

Des exploitations, qui ont déjà assez d'importance, sont ouvertes dans la Craie brune de Ciply. La roche est broyée et soumise ensuite à une préparation mécanique qui sépare les grains blancs de calcaire pur des grains bruns phosphatés.

A cause d'un ravinement important qui a précédé, dans notre contrée, le dépôt de la Craie de Spiennes, cette assise ne s'étend pas régulièrement au-dessus de la craie blanche sur laquelle elle repose: aussi sa puissance est très variable. A l'Est, vers Spiennes, on trouve, pour la Craie brune et la Craie de Spiennes réunies, des épaisseurs qui dépassent cent mètres ; mais vers l'Ouest, sur la concession du Levant du Flénu, la puissance de l'assise est beaucoup réduite et son maximum n'atteint pas, peut-être, 30 mètres. De ce côté la craie brune est souvent débordée, sur son affleurement, par le Tufeau de Ciply qui s'avance au-dessus de la craie blanche.

L'assise que nous venons de décrire présenterait, au point de vue des difficultés de creusement, beaucoup d'analogie avec la pierre blanche de Ciply. Les bancs de calcaire sont tendres, faciles à entamer, très stables, mais ils sont quelquefois très fissurés. Les gros rognons et les bancs massifs de silex, que l'on rencontre vers la partie inférieure, pourraient, non entraver, mais retarder le fonçage d'un puits qui s'opérerait à niveau plein.

I. Craie blanche. — Cette assise est constituée par de la craie blanche, traçante, que l'on emploie sous le nom impropre de *marne,* pour la production de l'acide carbonique dans les sucreries et pour la fabrication de la chaux. Elle affleure le long de la limite Sud et d'une partie de la limite Ouest de la concession du Levant du Flénu, mais elle s'incline d'une manière générale vers le Nord et elle disparaît sous la Craie de Spiennes, sous la Craie brune, sous le Tufeau ou sous le sable landenien.

La Craie blanche est de toutes les assises qui entrent dans la composition de nos morts terrains, celle qui présente le plus d'importance à cause de l'énorme puissance qu'elle possède presque partout. Son épaisseur ne dépasse pas 35 à 45$^m$ le long d'une partie de nos limites méridionale et occidentale ; mais si, de cette région, on s'avance vers le Nord, et le Nord-Est, la puissance de la craie augmente rapidement pour atteindre probablement 150 à 200 mètres, entre le village de Cuesmes et la ville de Mons et le long de la plus grande partie de notre limite orientale.

La craie blanche est ordinairement très fissurée vers la surface et si, dans ce cas, on vient à la rencontrer en-dessous du niveau de la nappe aquifère, elle peut opposer de très sérieux obstacles au creusement des puits par la méthode ordinaire, à cause du volume d'eau considérable qu'elle fournit. Son état très divisé exige même certaines précautions particulières dans le cas de l'emploi du système à niveau plein. Mais quand la craie gît à une certaine profondeur, elle est généralement plus stable, moins fissurée et partant moins aquifère.

Rien n'est plus variable et rien ne peut être moins déterminé à priori, que les venues d'eau rencontrées lors du fonçage d'un puits, par la méthode ordinaire à travers la craie. Quelques exemples nous semblent utiles à citer.

Les puits N$^{os}$ 4, 5 et 6 du Couchant du Flénu à Quaregnon, creusés en 1850 et 1851, ont rencontré la nappe aquifère à 20$^m$

environ de profondeur, et l'assise imperméable connue sous le nom de *fortes-toises* à 133$^m$. Ils ont donc traversé une nappe d'eau de 113$^m$ environ. Nonobstant cette hauteur considérable, la venue maximum n'a pas dépassé 8$^m$ cubes par minute.

Le puits N° 1 de la Société du Levant de Mons, situé sur Harmignies, a rencontré la nappe aquifère vers 50$^m$ en-dessous de la surface du sol et les fortes-toises à 137$^m$. Il a donc traversé 87$^m$ d'eau. Cependant la venue fut relativement peu considérable à cause de la grande compacité de la craie. Il en fut à peu près de même au puits N° 14 du Levant du Flénu, où la nappe aquifère a 30$^m$ d'épaisseur.

En 1863 et 1864 on tenta de creuser, par la méthode ordinaire, le puits N° 2 du charbonnage de Ciply, où le terrain houiller se trouve à 87$^m$ et la nappe aquifère à 17$^m$ sous la surface du sol. La venue d'eau fut considérable dès le début et, malgré l'installation des plus énergiques moyens d'épuisement, il fut impossible de dépasser la profondeur de 42$^m$, c'est-à-dire de s'enfoncer à plus de 25$^m$ dans la nappe d'eau. La venue épuisée s'éleva à 30$^{m3}$200 par minute, ce qui serait suffisant pour alimenter une population égale à celle de l'agglomération bruxelloise, en admettant une consommation quotidienne de 150 litres par habitant.

L'affluence d'eau ne fut pas aussi considérable qu'à Ciply, mais elle fut néanmoins énorme aux puits creusés, il y a quelques années, par la Société du Rieu-du-Cœur au N.-O. de Quaregnon, sur un point où le mort-terrain n'a cependant que 33$^m$ et la nappe d'eau 24$^m$ d'épaisseur.

L'état si aquifère de la craie, aux puits dont nous venons de parler, peut s'expliquer par l'existence de cassures qui a été constatée à Ciply, et par celle des nombreuses fissures qui divisent la roche traversée au Rieu-du-Cœur.

K. *Rabots.* — C'est une assise qui n'a généralement que quelques mètres d'épaisseur, sur la partie méridionale de la grande vallée crétacée de Mons. Elle est constituée par de la marne grisâtre, qui empâte de gros rognons de silex laissant entr'eux de nombreux vides. Cette dernière circonstance est la cause pour laquelle le maximum d'affluence des eaux, quand l'on creuse un puits par la méthode à niveau vide, survient ordinairement dans les rabots.

Les rabots sont, presque toujours, séparés de la craie blanche par une couche de craie grise, glauconifère, dont l'épaisseur varie de quelques décimètres à plusieurs mètres. Cette mince assise, qui est connue sous les noms de *Gris des mineurs* et de *Craie de Maisières*, présente quelquefois tant de compacité qu'elle est tout à fait imperméable. Dans ce cas l'eau renfermée dans les rabots, se trouve souvent soumise à une pression hydrostatique supérieure à celle qui agit sur l'eau de la craie blanche recouvrant les Gris des mineurs.

L'assise des rabots n'affleure pas sur la concession du Levant du Flénu, mais elle s'étend sous toute sa surface et gît partout en-dessous du niveau de la nappe aquifère, excepté le long d'une partie de la limite occidentale, sur le prolongement vers l'Est du bombement du Flénu.

L. Fortes-toises; Dièves; Tourtia. — Des marnes grises, bleues ou vertes avec des parties calcaro-siliceuses endurcies et affectant des formes bizares, se rencontrent partout sous les rabots. Elles sont connues sous le nom de *Fortes-toises*. En dessous l'on trouve une marne très argileuse, bleuâtre ou verdâtre, à laquelle on a donné le nom de *Dièves*. Cette dernière marne est souvent superposée à une couche marneuse, très glauconifère, renfermant presque toujours des galets plus ou moins volumineux. C'est cette couche qui a reçu la désignation de *tourtia*. Son épaisseur ne dépasse guère 2 à 5$^m$00. Quant à celle des dièves et des fortes toises, elle est très variable d'une localité à l'autre. Tandis que sur certains points du bassin du Couchant de Mons, ces assises se présentent avec une puissance totale de plus de cent mètres, elles n'ont ailleurs que quelques mètres. C'est principalement sur le versant Sud de la grande vallée crétacée que l'on rencontre les plus faibles épaisseurs. Les puits du Levant du Flénu n'en ont traversé que 8 à 10$^m$00.

Les dièves, avec ou sans tourtia, reposent directement sur le terrain houiller dans toute la partie du bassin du Couchant de Mons où il existe des exploitations; mais sur le versant septentrional, on trouve, intercalées entre la surface du terrain houiller et le tourtia, deux assises qui acquièrent souvent des puissances considérables. L'une de ces assises, que l'on désigne sous les noms de *Grès vert* et de *Meule,* est formée par des grès glauconifères, avec ou sans calcaire, dans lesquels il se trouve quelquefois des couches plus ou moins épaisses de sables mouvants. La Meule repose souvent directement sur le terrain houiller, mais, dans de nombreuses localités, elle est superposée à l'assise de l'*Argile d'Hautrage* que Dumont a rapportée, à tort, à son système achénien, sur la carte géologique de la Belgique.

L'assise de l'Argile d'Hautrage est constituée par des amas irréguliers d'argiles blanches, grises, noires ou rouges que l'on exploite à Hautrage, Baudour et La Louvière pour la fabrication des produits réfractaires, et par des amas contigus ou superposés de graviers et de sables blancs, gris ou jaunes, qui sont éminemment mouvants quand ils sont rencontrés sous le niveau de la nappe aquifère. C'est la présence de ces sables qui a nécessité l'emploi de l'air comprimé pour le creusement des puits Saint-Alphonse de Strépy-Bracquegnies et Léopold I$^{er}$ de La Louvière. Ce sont les mêmes sables que l'on a traversés à Saint-Vaast, où ils sont soumis à la pression d'une colonne d'eau de 90 mètres, à l'aide d'un appareil dû à M. Guibal.

Malheureusement on n'est pas parvenu à souder le revêtement du puits au terrain houiller.

Il est peu probable que les deux assises inférieures des morts terrains, dont nous venons de parler, existent dans la concession du Levant du Flénu. Cependant nous devons dire que la Meule s'avance beaucoup plus au Sud que certains sondages ne permettaient de le croire. Le forage qui vient d'être exécuté par la Société des Produits, au Nord du canal de Mons à Condé, ne nous laisse aucun doute à cet égard. Cet important travail de reconnaissance dont les coordonnées horizontales, relativement au clocher de Jemappes, sont : Nord 940 m., Ouest 50 m., a traversé :

| | | |
|---|---|---|
| Terrain moderne. | Tourbe . . . . . . $3^m00$ | |
| | Sables gris . . . . . . $7^m00$ | Aquifère. |
| | Gravier sableux . . . $2^m25$ | |
| Terrain crétacé. | Tufeau de Ciply. . . . $13^m75$ | |
| | Craie blanche . . . . $177^m00$ | |
| | „ grise (craie de Maisières). $5^m00$ | |
| | Rabots . . . . . . $9^m65$ | |
| | Fortes toises . . . . $16^m20$ | |
| | Dièves. . . . . . . $26^m05$ | Imperméable |
| | Tourtia . . . . . . $12^m25$ | |
| | Meule. . . . . . . $21^m50$ | Aquifère. |

Terrain houiller atteint à $293^m65$

L'épaisseur assez considérable que la meule présente, dans ce sondage, nous porte à admettre que l'assise s'avance assez loin vers le Sud et qu'elle dépasse, peut-être, le canal. Quoi qu'il en soit, il nous semble probable que si elle se trouve sur la concession du Levant du Flénu, ce n'est que dans la partie la plus septentrionale.

L'existence directement sur le terrain houiller, de l'assise

des fortes toises et des dièves, est une circonstance des plus
favorables à l'exploitation de la houille. En effet, les roches qui
constituent cette assise, sont tout à fait imperméables et oppo-
sent une digue très efficace à l'irruption, dans le terrain
houiller, des eaux des rabots et de la craie. Elles possèdent
aussi une flexibilité très remarquable, de sorte que les affais-
sements, provoqués par l'exploitation, y déterminent non des
cassures, mais des ondulations ; à moins que par suite d'im-
prudence, ou pour toute autre raison, les travaux ne viennent
à s'en rapprocher de très près. Il peut se produire alors un
coup d'eau violent ; mais l'expérience a prouvé que, même dans
ce cas, la venue, ainsi provoquée, n'est pas permanente. Elle
diminue bientôt d'importance et souvent, après quelques mois,
elle est tout à fait tarie.

C'est grâce à l'existence directement sur le terrain houiller,
de l'assise des fortes toises et des dièves, que plusieurs des
charbonnages du Couchant de Mons peuvent impunément
pratiquer d'importantes exploitations sous des colonnes d'eau
considérables. Le Levant du Flénu, entr'autres, a exploité et
exploite encore sous une nappe aquifère de 250 à 280$^m$ de
hauteur.

La présence des dièves sur le terrain houiller, est une circonstance aussi très favorable, même dans les localités où il n'existe
pas de nappe aquifère, car elle empêche la descente, dans les
travaux, des eaux pluviales qui tombent à la surface du sol.
Malheureusement les parties du bassin de Mons qui se trouvent
dans ces conditions, ont été perforées par un grand nombre de
puits dont la position n'est pas connue, et qui ont été remblayés
avec des débris de schiste houiller laissant entr'eux de nombreux vides. Ces puits, aux époques pluvieuses, drainent la
surface et font ainsi pénétrer, dans les exploitations, des
quantités d'eau quelquefois très considérables.

## TERRAIN HOUILLER.

Dans son mémoire intitulé *De la houille,* M. Victor Bouhy
a divisé les charbons existant dans le bassin du Couchant de
Mons, en cinq catégories qui, en suivant l'ordre de superposi-
tion, c'est-à-dire en commençant par les houilles que l'on rencontre dans la partie supérieure de la formation, se rangent
comme suit :

1° *Houille maigre à longue flamme ou Flénu.* 
{ Charbon Flénu propre-ment dit. 
Charbon Flénu gras. }

2° *Houille grasse à longue flamme ou demi-grasse.*

3° *Houille grasse maréchale ou grasse.*

4° *Houille sèche à courte flamme ou maigre.*

5° *Houille maigre brûlant presque sans flamme ou terre-houille.*

La concession du Levant du Flénu possède toutes ces qualités
de charbon. Placée sur l'axe du bassin houiller, elle renferme,
à l'exception de quelques-unes qui n'existent qu'au Grand-
Hornu, toutes les couches connues dans le district houiller du
Couchant de Mons. A la partie supérieure de la formation, se
trouve le faisceau fournissant le charbon Flénu proprement dit,
qui est le seul qui ait été exploité, jusqu'à ce jour, par notre
Société ; mais l'approfondissement des travaux et leur extension
horizontale vers le Sud, feront rencontrer successivement le
charbon Flénu gras, la houille demi-grasse, la houille grasse
maréchale et enfin les charbons maigres dont les couches occupent le fond du bassin.

Certaines publications évaluent à 156 le nombre de couches
connues dans le Borinage [1], mais il est très probable que ce

---

1. *Coupe du bassin houiller du Couchant de Mons,* par M. E. PLUMAT,
publiée par l'établissement de Ph. Vandermaelen.

chiffre devra être réduit quand l'on aura établi, mieux qu'aujourd'hui, la synonymie entre certains charbonnages. M. Bouhy, dans le mémoire cité plus haut, admet l'existence de 130 couches exploitables. Ce chiffre est exact si l'on considère l'ensemble du bassin, mais il doit être réduit encore si l'on n'envisage qu'une partie de ce bassin, car des couches qui sont exploitables dans certaines localités, ne le sont pas dans d'autres et *vice-versa*. Nous sommes d'avis que l'on ne peut compter sur l'existence de plus de cent couches exploitables, dans les régions du bassin où l'on trouve la partie supérieure du terrain houiller, ce qui correspondrait à une épaisseur totale de 45 à 50 mètres de charbon.

En prenant ces chiffres pour base et en tenant compte de cette circonstance que les couches supérieures ne s'étendent pas sous la surface entière du territoire concédé, à cause de leur allure en bassin et de l'augmentation de la puissance des morts-terrains vers l'Est, on arrive à trouver que sous la concession du Levant du Flénu, il existe une épaisseur moyenne de charbon d'environ 30$^m$.

---

On sait que le terrain houiller, dans le district du Couchant de Mons, affecte la forme d'un bassin dont les deux versants sont séparés par un thalweg désigné sous le nom de *Naye*. La ligne idéale qui représente, sur un plan horizontal, l'allure moyenne de ce thalweg, est sensiblement droite et dirigée N. E. 28° E. ; mais dans le sens vertical elle présente d'importantes ondulations. Son point culminant se trouve dans la concession des Produits, à l'Ouest de celle du Levant du Flénu. De ce point la naye plonge d'un côté vers Quaregnon, et de l'autre vers Cuesmes, sous un angle très faible d'abord, mais qui augmente progressivement, pour atteindre 9 à 12 degrés sous la partie N.-O. du territoire de Cuesmes. Des travaux d'exploitation, pratiqués récemment, semblent démontrer qu'au Nord du village de Cuesmes, la naye diminue considérablement d'inclinaison et même devient presqu'horizontale.

Au Sud de la naye s'étend le *Comble du midi* où les couches se présentent en grandes plateures inclinées vers le Nord. Les stratifications supérieures affleurent, sans se replier, à la base du terrain crétacé ; mais celles qui gisent immédiatement en-dessous se relèvent brusquement, à une certaine distance de la naye, pour former des dressants qui se terminent à la surface du terrain houiller. Dans les couches plus inférieures encore, les dressants n'atteignent pas la base des morts-terrains, mais les veines, après avoir fait un pli en sens inverse du premier, forment des fausses plateures inclinées vers le Nord et qui se terminent, plus au Sud, à une nouvelle série de dressants.

La coupe pl. III est prise à peu de distance de la limite occidentale de la concession du Levant du Flénu, et elle est prolongée, vers le Sud, jusque dans la concession d'Eugies. Elle donne une idée complète des différentes allures dont nous venons de parler.

Les crochons, c'est-à-dire les lignes d'intersection des grandes plateures du comble du Midi avec les dressants, présentent d'importantes ondulations, dans le plan horizontal et dans le plan vertical, sur toute la longueur explorée du bassin de Mons. Dans la partie occidentale de la concession du Levant du Flénu ils sont presque horizontaux et dirigés sensiblement de l'Est à l'Ouest. Mais à une certaine distance de la limite, les crochons s'infléchissent pour se diriger et s'incliner au Nord-Est. Quant aux grandes plateures du comble du Midi, leur direction générale, dans la concession du Levant du Flénu, se fait du Nord-Ouest au Sud-Est. Il résulte de cette différence dans l'allure des dressants et des plateures et d'une autre circonstance dont nous avons parlé plus haut, c'est-à-dire le plongement de la naye au N.-E.-E., qu'une galerie horizontale ouverte à une certaine profondeur dans une couche, rencontre la ligne de séparation des deux combles si on la pousse vers le Couchant, et se termine au crochon si elle est chassée vers le Levant. Cette allure est représentée sur la carte fig. 1, pl. II.

La coupe pl. III montre que, dans sa partie tout à fait occidentale, la concession du Levant du Flénu ne renferme qu'une fraction peu importante des fausses plateures, qui surmontent la première série de dressants. Mais l'inflexion des crochons vers le Nord-Est et le tracé de la limite Sud, qui se dirige du N.-O. au S.-E, font passer les fausses plateures d'autant plus dans notre concession que l'on s'avance plus à l'Est; de sorte que, dans sa partie Sud-Est, le territoire concédé au Levant du Flénu renferme, à peu de choses près, le prolongement des premières fausses plateures de tout le faisceau de Crachet-Picquery, c'est-à-dire des couches comprises entre Alias-Pantoue et l'Angleuse inclusivement.

Les costresses des exploitations pratiquées, par la Société de Crachet-Picquery, dans les fausses plateures à peu de distance de la limite, se dirigent presque parallèlement à celles du Levant du Flénu, c'est-à-dire du N.-O. au S.-E. La ligne de plus grande pente des couches n'est donc nullement perpendiculaire à la direction des crochons, mais elle fait avec elle un angle très aigu. Il s'ensuit que le gisement d'une couche donnée, dans les parties des fausses plateures exploitées jusqu'à ce jour, est à une profondeur d'autant plus grande qu'on s'avance plus à l'Est. Il en sera certainement de même dans la concession du Levant du Flénu, du moins jusqu'à une certaine distance. Mais nous ne possédons aucun renseignement, qui puisse nous éclairer, sur l'allure du terrain houiller le long de la limite orientale de la concession du Levant du Flénu. Nous espérons que les travaux entrepris à Ciply par la Société du Midi de Mons, dans l'angle rentrant qui existe entre nos deux concessions du Levant du Flénu et de Belle Victoire, nous fourniront bientôt quelques renseignements à ce sujet.

La partie de la concession du Levant du Flénu comprise entre la naye et les dressants, est la seule dans laquelle des travaux d'exploitation ont été ouverts jusqu'à ce jour. Le terrain houiller s'y présente, au Couchant, avec une inclinaison qui ne dépasse pas 4 à 8 degrés ; mais la pente augmente progressivement vers l'Est, pour dépasser 20 degrés à 1900$^m$ de la limite occidentale.

Quoique, sous le rapport de l'exploitation, l'on puisse dire que, dans la partie explorée de la concession du Levant du Flénu, les stratifications sont d'une grande régularité, on y rencontre, néanmoins, d'assez nombreuses failles ; mais elles n'ont'produit que des rejets atteignant rarement 15 à 20$^m$ dans le sens vertical. Ces accidents géologiques sont groupés par zones appartenant à des systèmes de dislocation différents. La première, que l'on rencontre dans la partie N.-O. de la concession, est dirigée du S.-O. au N.-E. La seconde passe sous le village, suivant un alignement qui diffère peu de l'E.-O. Cette direction est sensiblement aussi celle de la troisième, qui a été rencontrée, par nos exploitations, au S.-E. de Cuesmes. Ce dernier groupe est traversé par quelques dislocations dirigées du S.-E. au N.-O.

Quant aux *étreintes* importantes, elles sont inconnues dans la concession du Levant du Flénu.

Le *Comble du Nord*, c'est-à-dire la partie du terrain houiller qui se trouve au nord de la naye, n'a été que peu exploré dans la concession du Levant du Flénu ; mais les quelques travaux qu'on y a pratiqués, ont démontré que les stratifications se présentent avec de fortes inclinaisons et sont bouleversées par de nombreuses failles, s'entrecroisant dans tous les sens. On sait que les mêmes faits ont été constatés par divers charbonnages qui se trouvent à l'ouest du Levant du Flénu. D'importants travaux de reconnaissance exécutés, depuis quelques années, dans les concessions des Produits et du Rieu-du-Cœur, se sont avancés, sans en atteindre la limite, à près de 1600$^m$ dans la zone de dislocation du Comble du Nord. Il ne nous semble pas probable que cette zone se prolonge jusqu'à l'affleurement septentrional du bassin. Nous sommes plutôt d'avis que le bouleversement du Comble du Nord est dû au prolongement, vers l'Est, des grands accidents géologiques connus dans la partie occidentale du district de Mons et dans les charbonnages français avoisinant la frontière. Nous voulons parler de la *Faille de Boussu* et du *Cran de retour* d'Anzin. Si notre hypothèse est exacte, il est probable qu'au nord de ces accidents il existe une région, plus ou moins importante, où le terrain houiller se présente avec plus de régularité que dans la partie du Comble du Nord explorée sous Hornu, Quaregnon et Jemappes. C'est là une question sur laquelle les travaux entrepris à Ghlin par la Société du Nord du Flénu, jetteront certainement quelque lumière. Mais, quoi qu'il en soit, la solution de cette question importe peu à la Société du Levant du Flénu, dont la concession ne s'étend que pour une faible partie dans le Comble du Nord.

Comme partout en Belgique, les roches qui entrent dans la composition du terrain houiller de la concession du Levant du Flénu, sont, avec la houille, des schistes et des psammites divers ; mais la proportion pour laquelle ceux-ci entrent dans la masse totale des stratifications, semble être plus grande au Levant du Flénu que dans beaucoup d'autres charbonnages. Elle n'est pas, en effet, inférieure à 35 p. c., même si l'on rapporte aux schistes certaines roches qui participent, jusqu'à un certain point, de la nature du psammite. C'est en partie à cette circonstance que nous attribuons la nature généralement assez résistante des terrains dans lesquels les travaux du Levant du Flénu sont développés.

Qnant aux couches de houille, elles ressemblent beaucoup, sous le rapport de la puissance en charbon et de la composition, à ce que l'on trouve en général dans les diverses parties de notre bassin. Comme ailleurs, les épaisseurs en charbon et en schistes intercalés entre les différentes layes, sont assez variables d'une extrémité à l'autre d'un de nos vastes champs d'exploitation ; mais elles sont d'une grande régularité, si on ne considère qu'une partie relativement restreinte d'un chantier.

Les stratifications reconnues actuellement dans la concession du Levant du Flénu, ont une puissance totale de 470 mètres et elles renferment 23 couches qui ont été ou sont encore exploitées [1]. Nous en donnons, dans le tableau suivant, les puissances et les compositions moyennes, en commençant par la partie supérieure.

---

1. Nous ne tenons pas compte des stratifications qui se trouvent au-dessus de la veine Grand-Houspin. Elles mesurent 70$^m$ environ et elles renferment quelques couches exploitées depuis longtemps et sur lesquelles nous ne possédons aucun renseignement.

| NOMS DES COUCHES. | CHARBONS. | SCHISTES. | PUISSANCES EN CHARBONS. | OUVERTURES. |
|---|---|---|---|---|
| Houspin . . . . . | 0,35 <br> 0,15 | 0,03 <br> 0,02 | 0,50 | 0,55 |
| Horpe. . . . . . | 0,19 <br> 0,14 <br> 0,40 | 0,03 <br> 0,04 <br> 0,09 | 0,73 | 0,88 |
| Désirée . . . . . | 0,34 <br> 0,23 | 0,09 | 0,57 | 0,66 |
| Jausquette . . . . | 0,15 <br> 0,25 | 0,08 <br> 0,08 | 0,40 | 0,56 |
| Fagneau et Grande Veine . . . . | 0,40 <br> 0,10 <br> 0,11 <br> 0,10 <br> 0,40 | 0,28 <br> 0,20 <br> 0,34 <br> 0,01 | 1,11 | 1,94 |

| | | | | |
|---|---|---|---|---|
| Jouguelleresse . . . | 0,34<br>0,32 | 0,13 | 0,66 | 0,79 |
| Bonnet . . . . . | 0,35<br>0,12<br>0,30 | 0,19<br>0,19 | 0,77 | 1,15 |
| Veine à mouches . . | 0,20<br>0,40 | 0,08<br>0,20 | 0,60 | 0,88 |
| Cossette . . . . . | 0,38 | 0,06 | 0,38 | 0,44 |
| Petite Béchée . . . | 0,16<br>0,44<br>0,58 | 0,27<br>0,04 | 1,18 | 1,49 |
| Grande Béchée . . . | 0,23<br>0,03<br>0,23<br>0,16 | 0,01<br>0,18<br>0,03<br>0,09 | 0,65 | 0,96 |

| | | | | |
|---|---|---|---|---|
| Petite Houbarde . . | 0,12<br>0,12<br>0,20 | 0,02<br><br>0,09 | 0,44 | 0,55 |
| Grande Houbarde . . | 0,22<br>0,43 | 0,07<br>0,03<br>0,10 | 0,65 | 0,85 |
| Grand Franois . . . | 0,32<br>0,21 | 0,17 | 0,53 | 0,70 |
| Carlier . . . . . . | 0,10<br>0,40<br>0,30 | 0,17 | 0,80 | 0,97 |
| Grand faux corps . . | 0,38<br>0,12<br>0,27 | 0,18 | 0,77 | 0,95 |
| Petit faux corps. . . | 0,27<br>0,20<br>0,20 | 0,22 | 0,67 | 0,89 |
| Grande Veine à l'aune. | 0,29<br>0,27 | 0,03<br>0,03<br>0,03 | 0,56 | 0,65 |

| | | | | |
|---|---|---|---|---|
| Petite Veine à l'aune . | 0,11<br>0,35<br>0,24 | 0,01<br>0,03<br>0,02<br>0,05 | 0,70 | 0,81 |
| Grande Gade . . . | 0,10<br>0,38<br>0,09<br>0,23 | 0,03<br>0,43<br>0,02 | 0,80 | 1,28 |
| Petite Gade . . . . | 0,20<br>0,27<br>0,10 | 0,02<br>0,10 | 0,57 | 0,69 |
| Anna. . . . . . | 0,37<br>0,18<br>0,20 | 0,11<br>0,07 | 0,75 | 0,93 |
| Grand Gaillet . . . | 0,46 | 0,05 | 0,46 | 0,51 |

La puissance totale en charbon de ces 23 couches est de $15^m05$ ou $0^m654$ en moyenne par couche , ce qui correspond 3, 2 p. °/₀ de l'épaisseur entière des stratifications traversées.

## SIÉGES D'EXTRACTION.

La Société du Levant du Flénu possède cinq siéges d'extraction désignés sous les n^{os} 4, 14, 15, 17 et 19 ; ils occupent les emplacements indiqués sur la pl. III, fig. 2. Quelques autres ont jadis existé, non loin des siéges actuels, mais ils sont abandonnés depuis longtemps.

Comme on peut le voir par l'examen de la fig. 2, pl. III, et des cartes pl. I et II, nos cinq siéges sont très rapprochés les uns des autres et se trouvent à si peu de distance de la limite occidentale de la concession, que leur champ d'exploitation doit être considéré comme nul vers le Couchant. On peut se demander pour quelles raisons ils ont été ainsi groupés et placés dans une position aussi excentrique, relativement à l'ensemble de la concession.

Excepté le n° 19, dont la création est plus récente, quoiqu'elle soit déjà bien ancienne, le premier creusement des puits du Levant du Flénu s'est effectué au commencement du présent siècle. Or, à cette époque, les ressources financières faisaient défaut, les moyens de creusement des puits étaient encore dans l'enfance, et les chantiers d'exploitation, par suite de l'insuffisance des procédés de transport souterrain et d'aérage, ne s'éloignaient guère des puits. Ce sont là évidemment les raisons principales qui ont engagé les premiers exploitants du charbonnage de Cache-Après, à placer leurs puits sur le prolongement, vers l'Est, du bombement du Flénu. Ces puits n'étaient pas trop rapprochés pour les champs d'exploitation de l'époque, et ils pouvaient atteindre le terrain houiller sans avoir à vaincre de grandes difficultés. Les siéges n^{os} 15 et 17 n'ont, en effet, traversé que des dépôts crétacés sans eau ; tandis qu'aux n^{os} 14 et 19, les épaisseurs des nappes aquifères ne dépassent pas 30 et 20<sup>m</sup>. Quant au puits n° 4, il appartenait, avant 1868, à la Société du Haut-Flénu, et s'il se trouve aujourd'hui très en-dehors de notre champ d'exploitation, il occupe une position qui fut, jadis, des plus favorables pour l'exploitation des couches de la concession qu'il desservait.

Si l'on se reporte à ce que nous avons dit plus haut, à propos de l'augmentation de puissance que les morts-terrains présentent à l'est des établissements du Levant du Flénu, on verra que nos puits n'auraient pu occuper une position plus orientale, sans avoir à traverser des nappes d'eau d'autant plus importantes qu'ils auraient été placés plus au Levant. Un puits établi près de l'église de Cuesmes, devrait être revêtu d'un cuvelage d'environ 200<sup>m</sup> de hauteur.

Quelles que soient les raisons qui ont fait placer les siéges d'extraction du Levant du Flénu où ils se trouvent actuellement, ces siéges existent avec toutes leurs installations. Il serait facile de démontrer que les économies qui résulteraient, dans les frais de transport souterrain, de leur suppression et de leur remplacement par des siéges établis plus à l'Est, au milieu du champ d'exploitation actuel, ne suffiraient pas à payer l'intérêt et l'amortissement des capitaux que la réalisation d'un semblable projet exigerait. Nous ne dirons rien des risques auxquels est exposée toute exploitation desservie par des puits cuvelés sur une grande hauteur.

---

Les cinq siéges du Levant du Flénu sont à petite section et l'extraction s'y opère par cages simples, c'est-à-dire ne renfermant, par étage, qu'un seul chariot, d'une contenance de 400 kilog. Les câbles sont exclusivement en chanvre de Manille. Aucune de nos installations d'extraction ne présente rien de bien remarquable, si ce n'est la rapidité, l'économie et la sûreté avec lesquelles le travail s'opère. Sous ce triple rapport, la Société du Levant du Flénu n'a rien à envier à d'autres charbonnages.

PUITS N° 4. — Ce puits est l'un des premiers auxquels les guides furent appliqués en Belgique. L'extraction s'y opère, de la profondeur de 436$^m$, par cages à trois chariots, à l'aide d'une machine horizontale à deux cylindres dont les pistons ont 0$^m$80 de diamètre et 1$^m$50 de course. Cette machine, qui fut primitivement établie sur le puits n° 9 du Haut-Flénu, aujourd'hui abandonné, n'a été installée au n° 4 qu'à la fin de l'année 1873. Elle a remplacé une machine simple, à balancier, très ancienne, que l'on avait, en 1856, transformée en machine double en y adaptant un cylindre horizontal. C'est à cette ancienne machine que fut faite l'une des premières applications, en Belgique, d'un cylindre à vapeur pour manœuvrer les organes de la distribution. La machine actuelle est aussi munie d'un semblable appareil.

A quelques mètres du n° 4 se trouve un puits aux échelles revêtu, sur 10$^m$ de hauteur, d'un cuvelage en fonte. C'est, pensons-nous, la première application de ce genre qui ait été faite en Belgique.

PUITS N° 14. — Le puits n° 14 n'a été muni de guides qu'en 1865. L'extraction s'y fait par cages à quatre chariots, à l'aide d'une machine verticale double dont les pistons ont 0$^m$83 de diamètre et 1.50 de course.

Le siége d'extraction n° 14 est muni d'un ventilateur à force centrifuge, système Arnould, de 7$^m$ de diamètre, activé par une ancienne machine d'extraction à balancier. Il est relié à l'atelier central de triage par un ponton presqu'horizontal, de 350$^m$ de longueur, sur lequel le transport s'effectue mécaniquement par une chaîne sans fin.

Puits n° 15. — Il est muni de cages guidées renfermant quatre chariots. La machine d'extraction est du système horizontal, à deux cylindres de 0^m75 de diamètre avec 2^m00 de course.

Le puits d'extraction n° 15 est aussi un puits d'aérage. Il est fermé par des clapets Briart, et la ventilation y est produite par un ventilateur Guibal, de 9^m de diamètre, activé par une machine horizontale.

Les charbons de la fosse n° 15 sont transportés mécaniquement, par chaîne, à l'atelier central de triage, sur un ponton horizontal de 100^m de longueur.

Le guidage de la fosse n° 15 et l'installation de la machine d'extraction remontent à l'année 1858. Le bâtiment qui fut construit à cette époque, s'écroula complétement, lors de l'ouragan du 12 mars 1876. La reconstruction a été effectuée sur de nouveaux plans.

Puits n° 17. — L'extraction s'effectue à ce puits par cages à quatre chariots, enlevées par une machine d'extraction horizontale à deux cylindres de 0^m,66 de diamètre et 2^m,00 de course.

Les installations de la fosse n° 17 sont très défectueuses sous tous les rapports. Aussi la transformation en est décidée et sera entreprise bientôt. Cependant ce siége est au premier rang parmi ceux de la Belgique où l'on atteint les plus grandes productions. Il nous suffira, pour le prouver, de dire qu'il a extrait en 1876, de la profondeur de 472^m, en 294 jours de travail, 1.403.500 quintaux métriques de charbon : soit une production quotidienne moyenne de 4773 quintaux.

La fosse n° 17 est voisine de l'atelier central de triage, auquel elle est reliée par une chaîne sans fin fonctionnant sur un ponton de 30^m de longueur.

Puits n° 19. — Ce siége est muni de cages à quatre chariots, d'une machine d'extraction horizontale à deux cylindres dont les pistons ont 0^m75 de diamètre et 2^m00 de course, d'un ventilateur Guibal de 9$^m$00 de diamètre avec moteur vertical, et d'un ventilateur Lemielle de 7$^m$ de diamètre et de 5$^m$ de hauteur activé par une machine horizontale. Une chaîne sans fin de transport mécanique le relie à l'atelier central de triage ; elle fonctionne sur un ponton de 200$^m$ de longueur présentant une rampe totale de 4$^m$40.

Le guidage de la fosse n° 19 et l'installation de la machine d'extraction datent de l'année 1863. Le 12 mars 1876, au moment de l'ouragan, la partie des bâtiments qui se trouvait au-dessus du puits s'écroula en écrasant, sous ses débris, la belle fleur, une chaudière à vapeur, et une ancienne machine à balancier qui avait servi jadis à l'extraction. Les constructions actuelles, bien différentes des premières, sont entièrement en briques et fer, ce qui les place complétement à l'abri d'un incendie, accident toujours à craindre dans les installations où le bois domine et qui pourrait, dans certains cas, amener une catastrophe. La belle fleur du n° 19 est aussi complétement en fer, à l'exception des guides. Elle a 14$^m$ de hauteur mesurée entre l'axe des molettes et la recette supérieure. Cet appareil pèse 30.411 kilos et a coûté rendu et monté fr. 13.684, 95.

## SIÉGES D'EXHAURE.

Les venues d'eau des travaux de la Société du Levant du Flénu sont divisées en deux groupes principaux : les venues supérieures et les venues inférieures.

Les venues supérieures proviennent, pour la plus grande partie, des anciens travaux de la Société du Haut-Flénu. Elles se rassemblent à la profondeur de 370$^m$. Les travaux d'exploitation sont aménagés de manière à empêcher les eaux de descendre à une plus grande profondeur.

Les venues inférieures sont celles des travaux du Levant du Flénu proprement dit. Elles sont rassemblées au niveau de 522$^m$.

Les venues supérieures dont l'importance varie, suivant les saisons et les quantités plus ou moins grandes des pluies annuelles, de 1500 à 3000$^m$ cubes par 24 heures, sont épuisées par la pompe dite n° 5. Cet appareil est une machine du type de Cornwall qui fut établie en 1841 par la Société du Haut-Flénu. Ses dimensions principales sont les suivantes :

*Piston à vapeur :* Diamètre 2$^m$,42
               Course     2$^m$,62

*Balancier :*     Longueur du bras du côté du piston   6$^m$,50
                    »         »       des pompes   5, 50

*Pompes :*      Diamètre des pistons plongeurs     0, 43
              Course          »       »         2, 15
              Hauteur d'un jeu foulant.    50$^m$,00

*Pompe à air :*   Diamètre du piston.      1$^m$,25
                 Course.             1$^m$,25

La vapeur est produite par des chaudières à foyers intérieurs de 1$^m$80 de diamètre.

Quoiqu'elle soit déjà bien ancienne, la pompe n° 5 est l'une des meilleures de notre pays. La vitesse avec laquelle un appareil de cette dimension peut fonctionner est réellement remarquable. Cette vitesse a souvent dépassé sept coups par minute.

Les venues inférieures varient de 600 à 900 mètres cubes par 24 heures. Elles sont épuisées par la pompe dite n° 6. Cet appareil est une machine à traction directe qui fut établie en 1864 par la Société du Haut-Flénu. Ses dimensions principales sont les suivantes :

| | | |
|---|---|---|
| *Piston à vapeur :* | Diamètre | $3^m,21$ |
| | Course | $3^m,80$ |
| *Pompes :* | Diamètre des plongeurs | $0^m,60$ |
| | Hauteur de chaque jeu foulant | $55^m,00$. |

La condensation est du système Letoret, et la vapeur est produite dans des chaudières cylindriques munies chacune de deux tubes réchauffeurs.

L'attirail de la pompe n° 6 est disposé de manière à pouvoir, au besoin, épuiser les venues supérieures en même temps que celles du fond.

Les deux pompes sont établies chacune sur un puits spécial, près du siége d'extraction n° 4.

———•◦•———

## ATELIER CENTRAL DE TRIAGE MÉCANIQUE.

A l'exception d'une quantité, relativement peu importante, vendue aux fosses pour la consommation locale, les charbons extraits par la Société du Levant du Flénu furent, jusqu'en 1858, entièrement expédiés par eau. Chargés dans des wagons appartenant à la Société, ils parvenaient aux rivages établis sur le canal de Mons à Condé, par une voie ferrée à la section de 1$^m$,20, dite branche du Haut-Flénu.

Ce mode de transport existe encore aujourd'hui pour les expéditions par eau ; mais, en 1858, nos charbonnages furent reliés au réseau général des chemins de fer et les ventes par wagons prirent, dès lors, une importance toujours croissante. Dans les dernières années qui viennent de s'écouler, les deux tiers de la production du Levant du Flénu ont suivi le chemin de fer pour arriver sur les lieux de consommation.

Les ateliers de triage, dits cliquages, existant à chacun des siéges d'extraction, étaient primitivement disposés pour charger les wagons du rivage. En 1858 et 1859, quelques-uns d'entr'eux furent modifiés pour recevoir les wagons de l'Etat et des différentes compagnies de chemins de fer.

On ne tarda pas à trouver à ce mode d'expédition des inconvénients graves.

Quoique toutes les couches exploitées par la Société de Levant du Flénu, fournissent du charbon Flénu proprement dit, elles présentent cependant entr'elles des différences de qualité assez notables, d'où résultait souvent une différence semblable dans la qualité des charbons expédiés, le même jour, par wagons chargés à nos divers puits où l'on n'extrayait pas les mêmes couches. De plus la disposition des cliquages laissant beaucoup à désirer, rendait difficile le nettoyage des produits.

Pour obvier à ces deux inconvénients, la Société du Levant du Flénu fit, pendant longtemps, opérer à l'escoupe le transbordement des charbons, de ses petits wagons du rivage dans les grands wagons du chemin de fer. Mais cette opération, outre qu'elle nécessitait une dépense considérable, ne pouvait se faire sans amener le bris d'une certaine quantité de gros charbon.

Ce fut alors que la Société du Levant du Flénu décida l'établissement d'un atelier central de triage mécanique. Cet atelier, qui se trouve entre les fosses n° 15 et n° 17, fut construit dans les années 1870 et 1871. Sa mise en activité date du 2 octobre de cette dernière année. Il est relié aux fosses n°s 14, 15, 17 et 19 par des pontons sur lesquels le transport des chariots s'opère mécaniquement par des chaînes flottantes. Des travaux ont été commencés pour relier la fosse n° 4, mais certaines raisons les ont fait interrompre depuis deux ans. Ils seront repris à la fin de l'année 1877.

Le triage est opéré par six tables à secousses sur lesquelles le contenu des chariots est versé par des culbuteurs à mouvement latéral. Ce sont les premiers de ce système qui ont été employés en Belgique. Le charbon est transporté dans les wagons par des chaînes sans fin sur lesquelles se fait le nettoyage.

L'atelier de triage du Levant du Flénu est disposé pour recevoir les wagons à petite section du rivage et ceux du chemin de fer. On pourrait y trier et y charger plus de 2.100 tonnes de charbon. Pour quatre tables en activité on a atteint le chiffre de 1.600 tonnes avec une dépense en main-d'œuvre qui ne dépassait pas 0,20 à 0,25 par tonne.

## MACHINES A COMPRIMER L'AIR.

La Société du Levant du Flénu vient d'installer deux machines à comprimer l'air, dont les plans ont été dressés dans ses bureaux et l'exécution confiée à M. Ch. Beer de Jemeppe-sur-Meuse et aux ateliers de construction de la Société des Produits, dirigés par M. A. Halbrecq.

Dans l'étude de ces appareils nous avons, entr'autres questions, considéré principalement celle de la consommation de combustible, relativement à la quantité de travail que l'on peut retirer de l'air comprimé. Jusqu'à ce jour on ne s'est guère préoccupé de cette question dans les charbonnages. Aussi la plupart, sinon la totalité, des machines à comprimer qui sont installées dans notre pays, consomment des quantités énormes de charbon relativement au travail que l'on retire de l'air dans les travaux. L'air comprimé est appelé à un grand avenir et il n'est pas douteux, qu'avant la fin de notre siècle, il aura transformé complétement l'exploitation des mines ; mais cette transformation n'est pas industriellement possible si la production et l'emploi de ce mode de transmission de travail, ne se font avec plus d'économie qu'aujourd'hui.

Les compresseurs d'air installés, jusqu'à ce jour, peuvent se diviser en deux systèmes principaux : les appareils à sec et les appareils qui compriment l'air sur une couche d'eau.

Les compresseurs du premier système sont généralement employés en Angleterre. En Belgique, on les rencontre aux charbonnages de Sars-Longchamps et à la Compagnie des Charbonnages belges. Ils ont plusieurs graves inconvénients, entr'autres :

*A.* — La perte d'air à travers le piston, est notable et devient très importante quand les cercles de cet organe sont quelque peu relâchés, ou quand les parois des cylindres sont rayées par l'usage ;

*B*. — Durant la compression, une partie de l'air s'échappe dans l'atmosphère par les clapets d'aspiration ;

*C*. — De l'air comprimé, venant du réservoir, pénètre dans le cylindre par les clapets de refoulement durant l'aspiration;

L'expérience a prouvé que, dans certains cas, les pertes dues à ces trois causes équivalent à 25 p. c. du volume déplacé par le piston ;

*D*. — Par suite de l'impossibilité de construire des appareils assez précis pour que le piston s'applique exactement sur le fond du cylindre, il se trouve, aux deux extrémités de la course, des espaces nuisibles, se remplissant, à la fin de chaque pulsation, d'air comprimé qui ne pénètre pas dans le réservoir. Il ne résulte aucune perte de travail de l'existence de ces espaces nuisibles. Leur seul effet est de diminuer la course utile du piston et par conséquent le volume d'air que la machine peut fournir avec une vitesse donnée ;

*E*. — La compression en échauffant l'air, tend à augmenter son volume, d'où résulte une perte de travail si l'air, comme c'est toujours le cas, a le temps de se refroidir avant d'être employé dans la mine.

Dans une notice publiée, il y a quelques années [1], nous avons démontré combien est importante la perte de travail qui est la conséquence de l'échauffement de l'air pendant la compression. Nous rappellerons ici qu'elle est égale aux 0,213 du travail dépensé, si l'on comprime à quatre atmosphères effectives.

Les compresseurs du second système ont été, pour la première fois, appliqués au percement du Mont-Cenis. Ce sont ceux que l'on emploie le plus généralement en Belgique et en

----

1. Sur la production et l'emploi de l'air comprimé dans les travaux d'exploitation des mines. — Mons. HECTOR MANCEAUX, éditeur.

Allemagne. Ils n'ont pas les inconvénients A, B, C et D des appareils à sec, mais l'air s'y élève à une température presqu'aussi haute que dans ceux-ci, à cause du défaut de conductibilité de l'eau pour la chaleur qui lui arrive par sa surface supérieure. De plus ces appareils mettent en mouvement, non sans perte de travail, des masses d'eau considérables, et, pour cette raison , ne peuvent fonctionner qu'à des vitesses peu grandes. Aussi sont-ils très coûteux relativement aux volumes d'air qu'ils fournissent.

M. le professeur Daniel Colladon, de Genève, a apporté d'importants perfectionnements aux compresseurs à sec. Dans les appareils qui ont été construits, sous sa direction, pour le percement du tunnel du S$^t$ Gothard, l'échauffement de l'air est rendu presque nul, grâce à une circulation d'eau dans le piston et dans sa tige et à une injection d'eau pulvérisée dans le cylindre, durant la compression. Mais les appareils de M. Colladon sont compliqués, coûteux, et ils n'évitent pas, pensons-nous, les inconvénients A, B, C et D des compresseurs à sec.

Les compresseurs que la Société du Levant du Flénu a fait établir, réunissent, nous l'espérons, les avantages des systèmes, dont nous venons de parler, sans en avoir les inconvénients. Ces appareils sont verticaux, à simple effet et la compression ne s'y opère que durant l'ascension. L'aspiration de l'air se fait à travers le piston pendant la descente de cet organe.

Le refoulement s'effectue par des soupapes posées sur le couvercle du cylindre. Pendant la course ascendante une certaine quantité d'eau filtrée est introduite, à l'état très divisé, dans le cylindre où elle recouvre les soupapes d'aspiration. Après quelques tours de machine, le volume d'eau injecté dépasse le volume de l'espace nuisible et, dès lors, une quantité égale à celle que l'on introduit, s'échappe, à chaque ascension, par les soupapes de refoulement au-dessus desquelles il se forme une couche de liquide ayant 0^m,04 d'épaisseur. Les pertes d'air à travers le piston et les soupapes, sont ainsi empêchées, les espaces nuisibles sont annulés et l'échauffement de l'air est combattu par un moyen que nous croyons efficace. La quantité d'eau qui repose sur le piston étant insignifiante, n'oppose aucun obstacle à la marche rapide de l'appareil.

Chacune des deux machines à comprimer l'air installées par la Société du Levant du Flénu, est munie de deux cylindres à vapeur verticaux, supportés sur des bâtis dits *crinolines* et activant, par l'intermédiaire de manivelles calées à angle droit, un arbre placé en dessous et portant un fort volant. La distribution de vapeur est à détente du système Mayer. Les cylindres sont entourés d'une chemise de vapeur recouverte elle-même par une enveloppe en tôle. Les compresseurs, au nombre de deux, sont placés au-dessus de la machine où ils sont supportés par des sommiers en fonte. Leurs pistons sont attaqués directement par le prolongement des tiges des pistons à vapeur.

Voici les données principales qui ont servi au calcul ou au tracé de chacune des deux machines :

| | |
|---|---|
| *Timbre des chaudières,* | 5 atmosphères. |
| *Pression de marche ,* | 4      „ |
| *Diamètre des pistons à vapeur,* | 0^m,43 |
| *Course ,* | 1^m,00 |
| *Diamètre du volant,* | 5^m,50 |
| *Poids,* | 7000 kilos. |
| *Compression de l'air,* | 3 $\frac{1}{2}$ à 4 atmosphères. |

La vapeur est fournie, aux machines à comprimer l'air, par quatre générateurs de vapeur, à tubes bouilleurs, disposés d'après le système de feu Paul Havrez. Ils ont les dimensions suivantes :

| | | |
|---|---|---|
| *Corps de chaudière.* | Diamètre | 1<sup>m</sup>,30 |

*Corps de chaudière.*  Diamètre  1$^m$,30
　　　　　　　　　　 Longueur 15$^m$,00
*Tubes bouilleurs.*  Diamètre  0$^m$,70
　　　　　　　　　　 Longueur  6$^m$,50 ( tubes antérieurs ).
　　　　　　　　　　　　　　10$^m$,00 ( tubes postérieurs).

Les foyers qui sont construits pour brûler du charbon de mauvaise qualité, dits *chauffours*, ont 1$^m$,48 de largeur sur 2$^m$,00 de longueur. La grille se trouve à 0$^m$,80 en-dessous de la chaudière et à 0$^m$,40 sous les tubes. Les portes sont disposées de manière à ce qu'un courant d'air très divisé, pénètre dans le foyer au-dessus de la couche de combustible.

---

L'air comprimé produit par les machines du Levant du Flénu, doit être employé à activer, dans les travaux intérieurs, plusieurs machines de transport, des machines d'extraction et d'épuisement pour l'approfondissement des puits, des perfora-trices pour les bouveaux et, peut-être, des haveuses mécaniques. Il pénètre dans la mine par deux conduites en fonte, de 0$^m$,125 de diamètre, calculées pour qu'à la profondeur de 500$^m$, les résis-tances au mouvement de l'air soient compensées par le surcroît de poids que présente la colonne d'air comprimé, sur une co-lonne d'air de même hauteur à la pression atmosphérique.

La première application de l'air comprimé sera faite au Levant du Flénu pour l'approfondissement du puits d'extrac-tion n° 19 et de son puits d'aérage, sur une hauteur d'environ 90$^m$00.

Les machines d'extraction et d'épuisement destinées au ser-vice de l'approfondissement, ont été construites dans les ateliers de la Société des Produits. La machine d'extraction est calculée de manière à ce que la pression de l'air soit constante durant une ascension et voisine, aussi près que possible, de la pression dans la conduite. Cette condition de fonctionnement doit être remplie avec toutes les machines à air comprimé. Sinon la diminution de pression que l'air subit sans fournir de travail, en passant de la conduite dans les cylindres, peut être la cause d'une grande perte d'effet utile.

La machine d'extraction dont il s'agit, est à deux cylindres de $0^m225$ de diamètre et de $0^m40$ de course, agissant sur un premier arbre qui transmet le mouvement à des bobines, par l'intermédiaire d'engrenages dont les diamètres sont comme un est à trois. Dans l'appareil dont nous venons de parler, l'air ne sera employé qu'à pression pleine ; mais la machine d'épuisement, qui doit concourir avec la machine d'extraction à l'approfondissement de notre puits n° 19, est construite pour fonctionner avec détente jusqu'à trois fois le volume primitif. Elle est horizontale, à un seul cylindre et à simple effet, le piston ayant $0^m545$ de diamètre et $0^m60$ de course. Cette machine doit faire fonctionner une pompe foulante, avec maîtresse tige, de $90^m$ de hauteur et de $0^m20$ de diamètre.

Pour combattre l'énorme refroidissement qui se produit dans l'expansion avec travail de l'air comprimé, une injection d'eau pulvérisée sera effectuée dans le cylindre. Ce sera la première application de l'idée que nous avons préconisée dans la notice dont il est parlé plus haut.

———

En 1866, la Société du Levant du Flénu installa dans les travaux intérieurs de sa fosse n° 17, une machine à vapeur à deux cylindres, activant une poulie à mâchoires de serrage, dite poulie Fowler, sur laquelle passait un câble sans fin faisant le transport dans une galerie très sinueuse dont la longueur, qui était primitivement de $1.400^m$, a été, plus tard, portée à

1.640$^m$. La vapeur était fournie par un générateur placé dans la mine, à peu de distance de la machine. Les produits de la combustion et de la vaporisation parvenaient à la surface en suivant des galeries dans les remblais d'une couche exploitée, et un puits aux échelles de 436$^m$ de hauteur, formé d'un grand nombre de tronçons qui ne se trouvaient pas dans le même aplomb.

L'appareil dont nous parlons a fonctionné jusqu'en novembre 1875, et nous devons dire, d'une manière satisfaisante, si l'on ne considère que la marche de la machine et du transport ; mais la présence d'une chaudière à vapeur dans la mine a présenté des inconvénients nombreux, dont la gravité a fini par devenir tellement grande, qu'elle a nécessité l'abandon du transport mécanique.

La Société du Levant du Flénu, désirant que cet abandon ne soit que momentané, a décidé de transformer la machine à vapeur en machine à air comprimé. La transformation s'effectue en ce moment. Dans les nouveaux cylindres qui ont 0$^m$48 de diamètre et 0$^m$96 de course, l'air travaillera à détente durant les 2/3 de la course des pistons. Le refroidissement sera combattu par une injection d'eau pulvérisée.

## TRAVAUX D'EXPLOITATION.

Tous les travaux d'exploitation de la Société du Levant du Flénu ont été effectués, jusqu'aujourd'hui, dans les plateures du Comble du Midi. On n'a entamé ni les dressants, ni les plateures du Comble du Nord.

On sait que les couches supérieures de la formation houillère du Couchant de Mons ne dégagent pas de grisou, du moins dans la plupart des charbonnages. Dans certaines exploitations qui se trouvent à l'ouest du Levant du Flénu, on considère la Gade comme la première couche grisouteuse que l'on rencontre en profondeur. Cependant la Société du Levant du Flénu a exploité cette couche et même deux autres qui se trouvent immédiatement en-dessous, sans constater la présence du gaz inflammable. Aussi la méthode d'exploitation employée par le Levant du Flénu n'a-t-elle pas, jusqu'à ce jour, subi les modifications qu'il sera nécessaire d'y apporter quand on entamera les veines à grisou. Elle est restée ce qu'elle était il y a de nombreuses années déjà, du moins si on ne considère que l'ensemble général d'un chantier. Les seuls changements qui y ont été apportés sont ceux qui ont été rendus nécessaires par la rareté qui s'est produite, au Couchant de Mons, il y a quelques années, dans certaines catégories d'ouvriers.

La méthode d'exploitation appliquée dans nos charbonnages, est celle dite du Flénu que nous avons jadis décrite [1]. Quand l'aérage est établi, une taille avec voie d'allongement, dite costresse, est poussée suivant la direction de la couche. Des voies avec tailles montant suivant l'inclinaison ou obliquement, sont successivement prises sur la costresse au fur et à mesure de

1. Publications de la Société des anciens élèves de l'École des Mines du Hainaut, 7me bulletin.

son avancement, de sorte que l'on a bientôt un premier chantier présentant un front disposé en gradins.

Primitivement le transport dans les voies montantes s'effectuait par des hommes dits *Scloneurs*. L'ouvrier, aidé ou non d'un pousseur, s'attelait à un chariot vide qu'il élevait jusqu'au niveau de la taille, pour le descendre ensuite chargé, appuyé sur ses épaules et avec une ou plusieurs roues enrayées.

Ce mode de travail, toute considération humanitaire à part, avait, sous le rapport des résultats de l'exploitation, des avantages assez importants dont nous croyons inutile de parler ici. Mais, quoi qu'il en soit, la rareté qui est survenue à une certaine époque dans les scloneurs, nous a engagés à modifier le système de transport dans les voies montantes qui desservent les tailles. Des plans inclinés automoteurs ont remplacé le sclonage partout où la pente de la couche est suffisante pour que le chariot plein entraîne le chariot vide.

Les tailles montantes ne s'élèvent pas jusqu'à la hauteur de la tranche à exploiter, mais elles s'arrêtent à une distance de la costresse variant suivant les couches. Cette distance, qui n'est jamais inférieure à 45$^m$, ni supérieure à 65$^m$, est en rapport avec la nature du toit. La règle théorique est de la déterminer de manière à ce que l'affaissement qui suit l'exploitation, n'ait pas le temps d'abaisser le toit de la partie inférieure de la galerie, assez pour rendre nécessaire un travail de surhaussement quelque peu important.

Au-dessus de la ligne de niveau passant par les points où s'arrêtent les voies montantes, on établit un second chantier dont la costresse, qui porte le nom de 1$^{er}$ recoupage, est reliée à la costresse inférieure par un plan incliné automoteur, occupant une voie de taille montante abandonnée et sur lequel passent tous les charbons du second chantier. Au-dessus de celui-ci une troisième exploitation est ouverte et ainsi de suite jusqu'à la partie supérieure de la tranche à exploiter. Dans les parties de couches bien régulières, chacun des recoupages est relié directement à la costresse inférieure par un plan incliné automoteur.

Le système d'exploitation que nous venons de décrire très succinctement, est certes celui qui permet de déhouiller, avec le plus de rapidité, une grande hauteur de tranche. L'un des plus remarquables exemples que l'on ait vus de l'application de cette méthode au Levant du Flénu, est celui de l'exploitation de la Petite-Veine à l'aune par la fosse n° 14, dans les années 1869, 1870 et 1871. Une tranche dont la hauteur dépassait 600$^m$ sur certains points, a été exploitée par huit à onze chantiers superposés dans lesquels il y eut, à certaines époques, 155 ouvriers à veine fournissant ensemble, par jour, plus de cinq mille quintaux métriques de charbon, la puissance utile de la couche exploitée étant de 0$^m$,60.

————

Nous avons dit plus haut pour quelles raisons principales les cinq siéges d'extraction de la Société du Levant du Flénu sont rassemblés sur la même partie de la concession, près de la limite occidentale. Nous avons ajouté que les économies qui résulteraient dans les frais de transport souterrain, du remplacement de ces siéges par d'autres situés plus à l'Est, ne compenseraient pas l'intérêt et l'amortissement des dépenses qu'il y aurait à faire pour réaliser un tel projet.

Cependant la position que nos siéges d'extraction occupent sur la concession, est cause que l'aménagement des travaux préparatoires et des chantiers d'exploitations rencontrent certaines difficultés assez sérieuses. Il est évident pour les personnes qui s'occupent de l'exploitation des mines, que ces travaux doivent recevoir, dans leur ensemble, une toute autre disposition que celle qu'on leur donnerait, si les puits occupaient une position plus orientale et se trouvaient plus espacés qu'ils ne le sont actuellement.

Le problème à résoudre est de donner constamment à chacun des puits, des chantiers suffisants pour que la production totale de la Société en charbons demandés par le commerce, ne puisse être entravée, à un certain moment, par le manque de front d'exploitation. Or la solution de ce problème, qui était facile à trouver lorsque la production annuelle du Levant du Flénu, était de 200.000 à 250.000 tonnes, est devenue plus difficile depuis que la production dépasse 400.000 tonnes.

C'est en allongeant, vers l'Est, les chantiers d'exploitation que la question, jusqu'aujourd'hui, a été résolue. Bien peu de charbonnages de notre pays ont donné à leurs travaux, d'un même côté des puits, des développements aussi grands que ceux du Levant du Flénu. Des costresses ayant presque deux kilomètres $\frac{1}{2}$ de longueur, ont été poussées à l'est de nos siéges d'extraction.

La difficulté de résoudre le problème avec les moyens ordinaires de l'art des mines, augmenterait encore dans l'avenir si, ce qui est probable malgré la crise actuelle, les circonstances commerciales permettaient d'augmenter la production du Levant du Flénu. Il pourrait même arriver un moment où la solution deviendrait impossible industriellement, si la mécanique ne nous fournissait pas les moyens d'effectuer les travaux préparatoires avec plus de rapidité, et d'opérer le transport souterrain avec plus d'économie que précédemment. Il suffit d'étudier, même rapidement, la concession du Levant du Flénu pour acquérir la conviction que l'emploi des moyens mécaniques à l'intérieur, y jouera un rôle très important.

## CONCESSION DE BELLE VICTOIRE.

La concession de Belle Victoire a été accordée par arrêté du roi Guillaume des Pays-Bas, en date du 13 septembre 1820. Elle mesure 2.376 hectares et elle s'étend sous les territoires de Mons, St-Symphorien, Spiennes, Harmignies, Harvengt, Asquillies, Nouvelles, Ciply, Mesvin et Hyon, suivant les limites que nous avons indiquées sur la carte, pl. I, fig. 1.

Une partie de la concession de Belle Victoire, mesurant 280 hectares environ, ne se trouve pas en terrain houiller, ou, du moins, elle est recouverte par les roches du terrain dévonien inférieur que la grande faille du Midi a amenées sur la formation houillère. C'est celle qui est comprise entre la limite sud de la concession et une ligne traversant les villages d'Asquillies et d'Harmignies. Mais au nord de cette ligne il n'est pas douteux, d'après les renseignements fournis par les sondages de la Société du Levant de Mons et par ceux qu'on a pratiqués sur les concessions d'Havré et de Nimy, que le terrain houiller ne s'étende jusqu'à la limite septentrionale de Belle Victoire.

C'est à peu de distance au nord de la ligne dont nous venons de parler, qu'ont eu lieu, en 1822 et 1823, les seules exploitations que l'on a pratiquées dans la concession de Belle Victoire. Trois puits d'extraction, très rapprochés l'un de l'autre, ont été creusés au n.-e. du village d'Asquillies sans rencontrer, pour la traversée des morts terrains, des difficultés bien grandes. Dans le terrain houiller quelques couches ont été coupées, mais les exploitations que l'on y a ouvertes, ont été bientôt abandonnées à cause de l'irrégularité dans la stratification.

Les renseignements obtenus par ces travaux d'exploitation sont les seuls que l'on possède sur l'allure du terrain houiller dans la concession de Belle Victoire. Ce qui existe sous la

grande surface concédée, qui s'étend au nord des puits d'Asquillies, nous est tout à fait inconnu et l'on ne peut faire, à ce
sujet, que des hypothèses plus ou moins vraisemblables dont
nous croyons devoir nous abstenir ici. Il est probable que, dans
quelques années, les travaux des charbonnages de Ciply et
d'Havré nous fourniront quelques données pour résoudre cette
question.

## CONCESSION DU HAUT-FLÉNU.

Diverses Sociétés charbonnières portant les noms de Bonnet
et Veine-à-Mouches, Sidia-Clayaux, Garde de Dieu, Auflette,
Horiaux, Jausquette et Morette, existaient avant 1840, depuis
un temps immémorial, pour l'exploitation des couches qui leur
avaient été concédées par les anciens seigneurs hauts-justiciers
des communes de Cuesmes, Jemappes et Quaregnon, et par
l'abbaye de S\ :sup — de S\t-Ghislain, propriétaire de l'ancien fief du Flénu.
Après avoir dépensé, durant de nombreuses années, le plus
clair de leurs bénéfices en frais de procès, ces Sociétés prirent
le parti de se fusionner, ce qui fut fait par l'acte du 23 avril
1838 qui créa la Société anonyme charbonnière du Haut-Flénu.
Un arrêté royal du 14 avril 1852 réunit les charbonnages
des diverses Sociétés que nous venons d'indiquer, en une seule
concession sous le nom de Haut-Flénu. Cette concession d'une
superficie totale de 1.279 hectares, comprend :

SOUS CUESMES : Les couches Cinq mille, Veine à Forges,
      Petite-Morette, Grande-Morette, Clayaux,
      Horiaux, Veine à Chiens, Petit-Houspin,
      Grand-Houspin, Horpe, Désirée et Cochez.

Sous Jemappes : Les couches Grande - Morette , Clayaux, Horiaux, Veine à Chiens, Petit-Houspin, Grand-Houspin, Horpe, Désirée, Cochez, Jausquette, Bonnet *( Comble du Nord )*, Famenne et Veine à Mouches.

Sous Quaregnon : Les couches Petit-Houspin, Grand-Houspin, Horpe, Désirée, Cochez et Jausquette *(Comble du Nord)*.

Le 4 avril 1868, les charbonnages du Haut-Flénu furent achetés par le Levant du Flénu. Cette acquisition mit notre Société en possession des pompes $n^{os}$ 5 et 6 et du siége d'extraction actuel $n^o$ 4. Ces installations concourent aujourd'hui, avec celles du Levant du Flénu, à l'exploitation, sous Cuesmes, des deux concessions réunies. Il n'existe plus, pour le moment, d'exploitation active dans la concession du Haut-Flénu, en-dehors du territoire de cette dernière commune.

FIN.

Station

PLANCH

Cl
dc

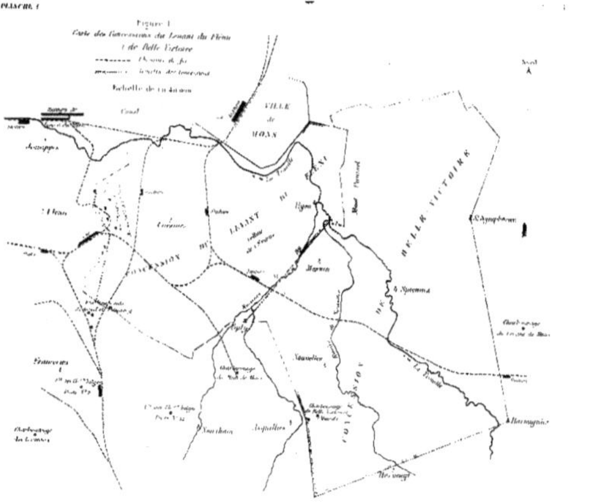

Figure 1

Carte des Concessions du Levant du Flénu
et de Belle Victoire

Chemin de fer

limite des concessions

Échelle de 1 à 40.000

Figure 2.

Carte de la concession du Levant du Flénu
avec les courbes de niveau de la superficie
et de la surface du terrain houiller

Échelle de 1 à 40.000

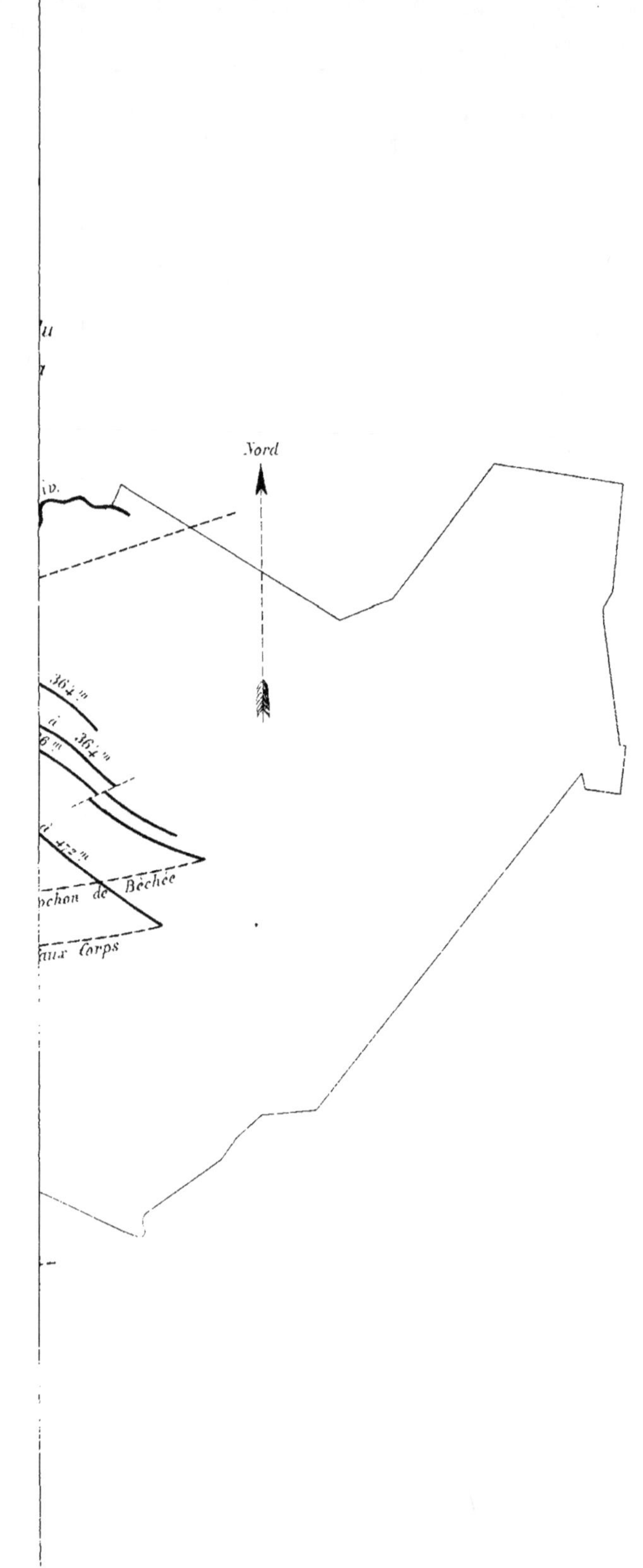

Nord
36⁴ ᵐ
à 36⁴ ᵐ
6 ᵐ 36⁴ ᵐ
à 4⁷⁵ ᵐ
pchon de Bêchée
aux Corps

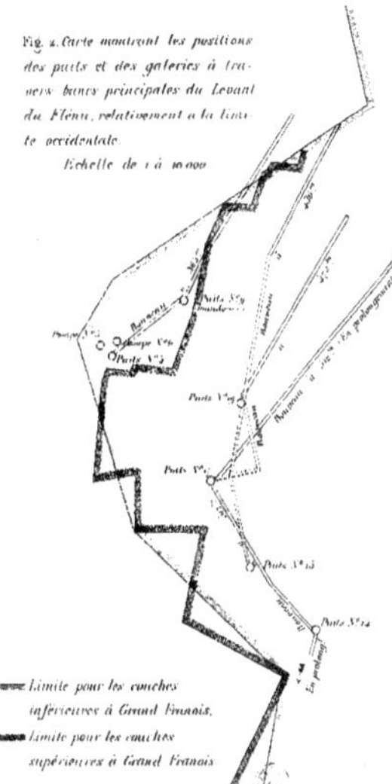

Fig. 2. Carte montrant les positions
des puits et des galeries à travers bancs principales du Levant
du Flénu, relativement à la limite occidentale.

Echelle de 1 à 10.000

Limite pour les couches
inférieures à Grand Finnois.

Limite pour les couches
supérieures à Grand Finnois.

Fig. 1. Carte de la concession du Levant du
Flénu indiquant l'allure générale de la
partie explorée du terrain houiller.

Echelle de 1 à 20.000

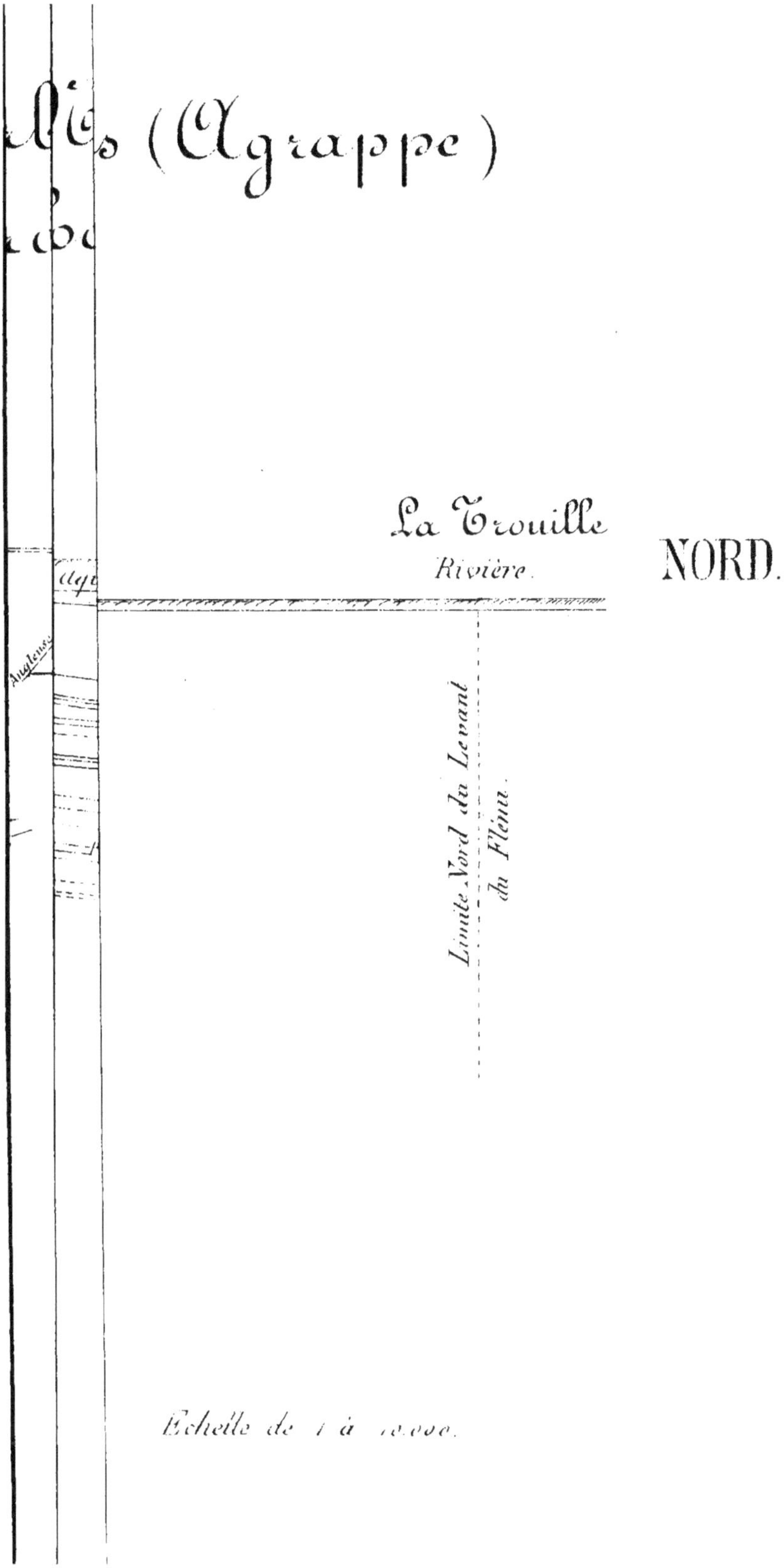

(Agrappe)
La Trouille
Rivière.
NORD.
Angleuse
Aqu
Limite Nord du Levant du Flénu.
Echelle de 1 à 10000.

Coupe passant par le puits du charbonnage des Couteaux, à Eugies, par le puits No. 2 de la Compagnie des charbonnages belges (Agrappe) et les puits de Crachet Picquery à Frameries et par ceux de la Société du Levant du Flénu à Cuesmes.